AF424296

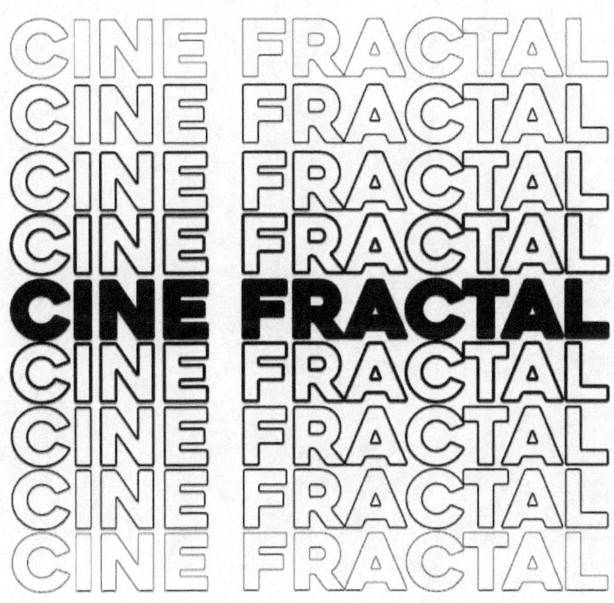

CINE FRACTAL
CINE FRACTAL
CINE FRACTAL
CINE FRACTAL
CINE FRACTAL
CINE FRACTAL
CINE FRACTAL
CINE FRACTAL
CINE FRACTAL

Cine
Fractal

Antología 2005-2023

DAVID CRUZ

NEW ALEPH

NEW ALEPH PRESS
www.newaleph.com
alephnewpress@gmail.com

Cover image and Design © 2024
by www.taitalab.com
Arte final: Christian Cedeño

Correción de pruebas: Frances Simán y el autor.

SEGUNDA EDICIÓN
2024
Printed in the United States of America
ISBN 979-8-218-46322-9

para María Ramos,
por su luz en el desierto

A excepción de mi primer libro, he trabajado cada uno como un ser unitario, una especie de animal invertebrado. Respeto a quienes juntan poemas y tratan de darles un sentido, pero yo prefiero primero visualizar un todo y luego ir forjando su cuerpo, sus facciones, su tono.

Por eso, el pedido de hacer esta antología personal es inquietante, porque cada uno de los animales del pasado se extinguen para crear uno nuevo.

Por ello, opté por iniciar con textos inéditos, trazando un camino desde un posible futuro hacia un pasado intangible. El único libro que viene íntegro es *Lazarus* -obra inédita-, cuya publicación en México es paralela a esta edición. Con los demás textos, he buscado representar a esos "animales" literarios ya extintos, intentando construir uno nuevo que pueda ser percibido como un ser fractal, portador de la genética de sus predecesores.

David Cruz
Dallas, 22 de agosto de 2022.

Fósiles del Futuro

César Vallejo nunca más verá el invierno[1]

Acto primero:

El viejo Vallejo:

    Esta ciudad no sabe mi nombre. La miro y sé que me mira.
    Todos marchan anónimos.
    Los edificios aún recuerdan los años de la peste negra.
    ¿Existo o soy solo un sueño fallido de Eiffel?

El joven Vallejo:

    Escucho las voces de mis ancestros, algunas resuenan
    como propias, otras me hacen descubrir que cada palabra que
    pronuncio ya fue descartada por cientos, quizá miles.
    Todo nace de un vacío interno que me lleva a ser libre como uno
    solo: hombre y artista.

Acto segundo:

El viejo Vallejo:

    No sé cuantas veces he muerto. Este cuerpo me falla:
    la tos es seca, las palabras se me escapan. María Rosa se internó
    en la selva.
    Mi patria se quedó perdida para siempre.
    Trato de escribir mis memorias.
    Sufro de agotamiento, me esfuerzo, saco las carnadas
    para tentar a las palabras. Todo es inútil.

El joven Vallejo:

    De nada me sirve reescribir una y otra vez la misma idea,
    ya no sé en qué momento doy vida y en qué momento estoy
    mutilando.

---

1. *Este poema fue finalista del Montreal International Poetry Prize 2020 (en inglés), y publicado en Véhicule Press en conjunto con McGill University, en Canadá.*

Acto tercero:

El viejo Vallejo:

    ¿Sigo vivo? ¿En el hospital de caridad pública me salvaron
    o esto es el resultado de la fe?
    ¿Estoy en una pesadilla? Los noticieros anuncian la Segunda Gran
    Guerra de este siglo.
    Estoy seguro que no la veré. Mi cuerpo se apaga y pronto me
    traerá golosinas el sepulturero.

El joven Vallejo:

    Ayer caminaba por una ciudad desconocida.
    Llegué a una tumba.
    Vi fantasmas que olvidaron sus nombres:
    refugiados, migrantes y gitanos.
    Caminé hacia una lápida donde estaba escrito el epitafio:
                J'ai tant neigé pour que tu dormes
                -He nevado tanto para que duermas-

Oda digital

Para Miguel Hernández,
Roque Dalton y Bertolt Brecht

Un hombre camina sin rostro
entre la multitud.
Solo deseaba pastorear sus cabras,
hacer el amor con su esposa.
Tiempo después, su mujer recibe
como despedida *Nanas de la cebolla.*

Un hombre cambia de apellido
cada mañana y olvida el verdadero.
La humedad de San Salvador
y el recuerdo a vodka
de la URSS
se le pegan al cuerpo
como si el hambre de vivir
fuese sarna
o una enfermedad incurable.

Un hombre sin lengua
escribe teatro,
porque es su única garantía
para no ser olvidado.
Años más tarde
en el diario Tagesspiegel,
un agente cita:
      «Quería denunciar
      a la Seguridad del Estado...
      después murió de un infarto».

Soy un hombre carente
de rostro, apellido y lengua.
Estoy frente a una computadora.
Alguien cree que soy sospechoso
de un crimen que no he cometido.

Alan Turing nunca sabrá que el Curiosity llegó a Marte

La máquina no quiere pensar.
La máquina se deprime cuando ve los noticieros.
Se siente tonta cuando Kasparov la desafía.
Es fea cuando mira las revistas de moda.
Quiere meterse en clases de esgrima,
pero no aceptan su petición porque no es ágil.

La máquina no quiere morir.
Jamás entenderá lo que es una lágrima.
No tiene militancia política.
No distingue entre carnívoros y vegetarianos
-las lechugas son rebanadas
igual que los filetes de res-.
No sabe que puede acabar con todo si se acuesta
sobre los rieles del tren.
No tiene miedo al Dios que la creó,
porque no se extinguirá como él.

La máquina no sabe su número de serie.
Nunca le dieron su manual de uso para comprenderse.
No puede embriagarse cuando las cosas van mal.
Cuando observa una mujer hermosa no la desea.
No le gusta ir al zoológico,
ni los juegos de azar,
ni armar dinosaurios,
ni masturbarse,
ni va a lecciones de quiromancia en los suburbios
para resucitar a Jane.

La máquina no morirá de malaria.
Sus genes no vienen enfermos.
No busca una ínsula como recompensa
por sus servicios.
No hará yoga para olvidar su pasado
en un laboratorio
de Detroit o Tokio.

No cantará su cumpleaños, ni alabará a Fellini.
No recitará la canción cursi
con la que sus padres se conocieron.

La máquina no imagina una vida que no ha vivido.
Solo escarba sobre un cráter de Marte.
No sabe si se busca a sí misma o nos busca a nosotros
que miramos los infográficos de su misión
en el televisor de un bar,
mientras acabamos el último trago de cerveza
de este martes cualquiera.

Pesadilla

Vi a todos los poetas de la tierra atragantarse con sus palabras.
    Igual a los escorpiones que son devorados por sus crías.
Una estampida de endecasílabos atropellaba sonetos,
    sin más tregua que vengarse, sin más rencor que el olvido.
Un dadaísta se hincaba a ofrecer al sol todos su libros.
Los críticos literarios se retorcían por una metáfora mal empleada,
    como si la estética salvara vidas.
Un capitán, en medio del naufragio, se bajaba el rango y nombraba
    a un mal poeta almirante con todas sus rimas.

Desperté en mi casa.
    La nevada amenazaba con seguir hasta el día de mi muerte.

Espectro

Mi alma sale a dar una vuelta.
Le sugerí quedarse en casa por la tormenta,
          pero desiste.
Se marcha y deja este cuerpo
          como un estuche sin vida.
Los perros ladran y se preguntan:
          ¿qué tipo de espectro nos merodea?
Sienten mi presencia.

Abandono la trinchera:
          es la única forma de creer
                    que la tristeza
                              es el segundo nombre
                                        de la inmortalidad.

LAZARUS

Este libro fue ganador del Premio Internacional Manuel Acuña en Lengua Española. *El jurado estuvo integrado por María Negroni, María Baranda y Vicente Undurraga. Aquí se reproduce la versión íntegra del libro, en publicación paralela a la edición del premio en México.*

Todo es dualidad, pasado y presente, masculino y femenino,
y resucita cuando se borran sus fronteras.

Libro del presente

(Primera parte)

Alas en mis pies me están moviendo
de la muerte al nacimiento.

Germán Virguez

RESURRECCIÓN I

LAZARUS

Lazarus XII

Logro entrar dentro de mí mismo.
Descubro bosques, fábricas de polen,
un ejército que marcha derrotado,
fósiles que al hacerle la prueba de ADN
son mis propios restos.
Ya no soy el mismo
que ayer iba al supermercado
y buscaba
en las latas de conserva
todos mis recuerdos.

Mis ojos son péndulos marchitos
contaminados por el tiempo,
mis oídos, dos grandes antenas
buscando señales de vida.
A veces, creo que soy un carrusel
y el silencio es mi argumento
para creer en la inmortalidad.

Grito y mi voz empieza a echar raíces,
miles de niños sonríen
y son una piedra
donde los ancianos se lamentan
al no poder ir a la oficina de seguros
a pedir un remplazo para sus cuerpos.

¡Qué ineficaz es juntar años
para tratar de explicar una vida!

Lazarus XI

Salgo sin rumbo.
Me disfrazo de anónimo,
de un hombre que escucha voces en el viento.
Las poseo, las domestico
y se marchan hasta el último lugar
donde hay alguien aceptándose.

En cada paseo miro a mis fantasmas
vestidos de gala.
Algunos sonríen, otros cultivan su arrogancia,
otros, más ingenuos aún, sienten que por sus venas
no corre el tiempo.
No los culpo, ignoran las filas del metro,
helicópteros que recorren los rascacielos como abejas enfermas,
en un acto de polinización posmoderno.

Los semáforos nos piden que paremos,
nos imploran que de una vez por todas
recordemos nuestros nombres,
olvidemos la prisa y empecemos a memorizar
que alguna vez fuimos animales.

Somos tantos millones de personas,
envolturas genéticas que cargan milenios,
agua sostenida por los huesos.
Borrachos, drogadictos, pirómanos,
seres que se marchitan frente al espejo.

Es triste vivir en la era del *reality show*.

Los muertos no cotizamos en la bolsa.
Los muertos no gritamos: ¡estamos muertos!
ni amanecemos con resaca.
Busco patrones entre los transeúntes,
parece que ninguno quiere aceptar esta fiesta.
Brindemos por la vanidad,

porque al amigo de un amigo
lo han nombrado caballero.
Brindemos por el hombre más rico de la tierra,
por el dictador que acaba de caer en un país que no existe,
porque un niño oriental toca la guitarra mejor
que nosotros.
Voy, por última vez, a tomar un café,
recorro la ciudad.
Llego a un bar,
dos borrachos corean una canción de 1969.
Tal vez, hoy sí tenga suerte
y al salir habré olvidado el camino de regreso.

Lazarus X

El día del Big Bang
estaban los edificios de hormigón,
los anillos de Saturno
y las hojas de las secoyas.
Las gotas sin saber que iban al mar
y que pertenecerían
a un océano cósmico.

Las visiones de los diableros
empezaban a tomar forma
y no existía el tiempo.

Ese día conocí a
Siddharta Gautama,
Tonatiuh,
Odín,
Jesucristo,
Guan Yu,
Vardhamana Mahavira,
Gurú Nanak,
Yahveh, Bahá'u'lláh,
Mahoma,
a cada uno de los paganos
y proscritos que no menciona
ningún libro de Historia.

Minerales, seres vivos, estrellas,
niveles de conciencia,
materia y antimateria
ignoraban que la energía lo contaminó todo.

¿Nacimos o morimos en ese instante?

Lazarus IX

Agonizaba y volví a ser niño.
Me vi envejecer.
Una bandada de pájaros abrió mi corazón
con sus picos como bisturí.
Miré la sangre bombear.
Insistía para que me dejaran,
pero ellos ignoraban mis súplicas.
De pronto me desperté y vomité.

Dentro de mí la fuerza fluyó.
Mis órganos empezaron a echar raíces,
a poblar mi cuerpo, la tierra,
hasta inundar el universo:
una gran manta cubría todas las dimensiones.
Entonces me vi de luz
y supe que era un dios mientras agonizaba.

Lazarus VIII

Estoy en una ciudad donde veo voces.
Es una ciudad donde no hay concreto.
Conozco a toda la población.
Primero entró en escena mi abuela
que falleció hace menos de un año.
Ella me dijo que mi familia
es el único vínculo entre mi pasado
y mi futuro.
Estoy en su cuerpo.
Siento su cansancio,
más de cuatro años en cama.
Hablo con su voz.
Luego vino mi padre,
pude sentir el dolor que deja una vida.
También fui él:
un hombre cansado de viajar,
pero que jamás arribó a sí mismo.

Lazarus VII

Algo me llama desde mi interior.
Escucho una flauta que me hipnotiza.
Empiezo a danzar, soy una serpiente.
Voy hacia mi centro.
Hace poco creía que estaba a punto de dormirme.
Ahora sé que estoy despertando.

Hay una memoria antigua:
personas,
                    piedras,
                              estrellas,
        seres que he sido.
Ciudades en llamas donde la gente
llora al mirarse al espejo.
Todo carece de cuerpo.
Una multitud me habita.
Descubro que soy un receptor:
la vida es una señal que recibo
y me ciega.
Dentro, las fronteras no existen.

Lazarus VI

Me veo en un teatro chino.
Todos sonreían,
pero al mirar de cerca:
los rostros son máscaras.
Busco un espejo.
Mi sonrisa también es una máscara.
Estoy habitado por un banquete
de satisfacción.
Lloro borracho de tanta luz.

Me quito el antifaz
y miro todas mis caras
fusionarse en un rostro múltiple.

Lazarus V

Perdí mi miedo a morir.
Me miré anciano:
contemplé la nieve desde una silla.
Comprendí que el cuerpo
es un accesorio temporal,
una moda pasajera.
Pronto volveré a ser energía,
sin pasado ni presente,
sin el velo del futuro.

Lazarus IV

Un hombre con cara de autómata
tira una y otra vez de una máquina
en el casino.
Él tiene la sospecha de ganar la partida.

Su fe ignora las probabilidades
del programador.

Lo miro con lástima,
es el hombre que alguna vez fui.

Lazarus III

Insistí en querer ver a mi madre.
Desde su tristeza resplandecía.
La abuela me dijo que no era necesario. Le supliqué.
Entonces la vi,
                              era un gran sol.
Yo giraba alrededor de ella,
            y mis libros,
                      y mis recuerdos,
                      y mis vidas pasadas:
éramos sus satélites.

Lazarus II

Hoy llegó mi nuevo libro de la imprenta.
Una portada hermosa, no puedo negarlo.
Empiezo a pasar las hojas,
una tras otra.

            Todas están en blanco.

Lazarus I

La mente es un mapa multidimensional.
Todo lo que vemos es la superficie del iceberg.
Voy al sótano de mi cabeza
y encuentro muchas vidas,
muchos recuerdos que no he vivido.
Ahora entiendo a Vallejo:
Me moriré en París con aguacero,
un día del cual tengo ya el recuerdo.

LIBRO DEL PASADO

Lo primero que deberías hacer cuando naces es visitar un cementerio.

RESURRECCIÓN II

LAS VOCES DE LOS ANCESTROS

Las sensaciones, los sentimientos, las intuiciones, imaginaciones y fantasías, son siempre cosas privadas y, salvo por medio de símbolos y segunda mano, incomunicables.

Aldous Huxley

Corina de Tanagra mira por su ventana

Las estrellas
son las únicas flores
que no rompen la quietud
al caer en el estanque.

Aeda de Hesíodo

Dos cuerpos
se deshacen
hasta dejar
el mundo
en escombros.

Testamento del lazarillo que inmortalizó a Homero

El océano es padre de todos los ríos.
Arcaica sombra
donde reposan las tumbas de los caídos.
Un hombre navega
las lágrimas de un dios.

Los héroes
no saben distinguir entre una puesta de sol,
un beso
        o una expedición al Hades.
Allí canta la mujer más fértil
que el deseo puede corromper.
Animal inofensivo:
hierba,
      estiércol,
           rastro de piel,
amante que ha vendido su alma
para que lo salve del fracaso.
La juventud
marcha con las aves tras la peste.
Irrumpe en las palabras que delatan:
escombros,
        soldados,
          lazarillos.
No saben el valor de perder la vida
en completa calma.

Obertura para Safo de Lesbos

En Lesbos todo anuncia la vida.
Los siglos nacen de tu vientre.
Alumnas esparcen tus pavesas.
Ardientes desde sus pubis para agradar al gobernante:
sus sonrisas otearon en batalla.

Aquí los bufones no existen.
Los cuerpos de Zeus y Cronos
son cómplices en su orgía de vino;
se derrama por los muslos depilados
del amanecer.
La vergüenza no puede más que el deseo.

Ningún medopersa

                         o griego

se atreve a ultrajar tu belleza.
Para ti ambos son traidores.

Toda clase de habladurías llega desde Atenas.
Tus besos pertenecen
a las jóvenes aristocráticas.

Hoy, lustros más tarde, leo tus cenizas.
No estás en un cementerio civil.
El tiempo es una ventana oxidada.
Los barcos se tatúan tu nombre
y lo llevan más allá del Mediterráneo.

El amor es un templo derrumbado
donde los fieles rezan
a las dalias este verano
que amenaza con ser el más temible desde tu muerte.

Muerte del poeta Machón

La palabra lo abandonó.
Intentó mover su lengua.
No pasó nada.
Intentó convencer al pueblo
para conquistar el desierto.
Todos le dieron la espalda.
Su destino estaba condenado.

Ovidio creía en la inmortalidad

Tiemblan las flores.
Del cuerpo escapan
demonios.

En mi sangre
gritan antepasados.

Alucinaciones de Po Chü-I

I

Las paredes se derriban con los rumores
de tantos sonámbulos.

II

De los templos escapa la fe:
         hambrienta,
    sola,
arrepintiéndose de su lealtad.

III

Me veo en el campo de batalla
con el corazón
de un extraño que aún late en mis manos.

IV

Embriagaste a la madrugada
para que te dejara regresar
a juntar tus ojos al estanque.

V

Por más que buscaste,
por más que revolcaste entre la maleza
amaneció.

VI

Un caracol desguarnecido
amenaza con decapitarme.

VII

Te digo al oído las palabras
que debí guardar para la muerte.

VIII

He retratado todo el dolor del mundo.
¿Ahora me pides que te escriba?

IX

Un río se cansó de herir las piedras.

X

El enemigo
se alimenta de la sangre espesa
que pierde calor en la trinchera.

XI

Escucha el sonido de la nieve en tu sangre.

XII

El emperador se aburre de besar
las heridas del proscrito.

XIII

Los jarrones de porcelana
se suicidaban desde lo alto del ornato.

XIV

Algo huérfano
deja nuestro paso por este mundo.

XV

La estatua se lamenta
por seguir penando en nombre
de un desconocido que nunca vino a saludar.

XVI

Todo está bajo control -dice-
y se apunta con la daga en el pecho.

Los disfraces según Einar Helgason

I

Los camerinos son inoportunos.
Sus espejos
contienen estatuas a punto de saltar
sobre la momia que talla las vendas
como si fuera el último día de su vida.

II

Buscamos en una montaña de pelucas
los besos que nunca nos dieron en escena.

III

Es hora de salir.
Las butacas vacías
esperan la función.

Guido Cavalcanti me esboza
en su cuaderno de apuntes

Cuánto depende la existencia del mutismo
y el rodar de nuestra cabeza por la escalera.
Cuánto nos preguntamos si la piel que nos cubre
es como la inutilidad de un espantapájaros:
Hoy llegué a una tregua con los buitres
para que acaben con el sembradío.

Yoshida Kenkō de rodillas

Luego de rendirnos
sólo queda la estatua
que nunca se edificará
con nuestros nombres.

Las contradicciones de Quevedo

El músico se deshace en su violín.
El poeta llora con sus manos rotas.

El cazador tira del gatillo
y por siglos perdura el olor a sangre.

John Dryden se plagia a sí mismo

Tu dignidad se resume en un pentámetro yámbico
que declamas frente a la iglesia.
A tus espaldas, Carlos II ríe.
Intruso que busca a su víctima y la defiende
para acabarla con su propia espada.

Las coplas vienen con la brisa
y el olor a sal del mar:
estanco inmenso de mentiras y olas.
Todos buscan el cielo o el infierno,
vanaglorian este siglo XVII:
se va de las manos como granos de sangre
o ángeles heridos.

Tú sigues allí, frente a la diosa de piedra,
       obra de liturgias
           y rituales.

Duques,
     plebeyos,
          altezas,
ninguno eres John Dryden.
Carlos II continúa riendo a tus espaldas.
La tarde es una parodia heroica
que la historia nunca recordará.

Carta a Sor Juana Inés de la Cruz

El silencio es el pecado más cruel
cuando el invierno amenaza
con llevarse tu olor de las sábanas.
Sueña robarse tus escritos
para verte en la pira
y darle más dramatismo
a la historia.

Esperas a tu amante.
Juntas van a reintentar el diluvio.
Una vida es un charco
que se interrumpe
por el casco de un caballo.
Las palabras son la tumba que elegiste.
No hay votos ni vestimenta
que cubran tu desnudez.
El hombre es un necio.
Afila su espada.
Se masturba.

Ezra Pound and My Lost Generation

Transmisión en vivo desde el pasado:
mi radio con sonido estéreo te escucha
en mono desde un tiempo de Cantares.
Todo ha sido para mal:
los trenes de vapor sólo viajan en los catálogos de museo.
La historia es un rompecabezas mal armado.
Mussolini yace tan muerto
que los buitres no perciben su olor.

En vivo desde el pasado te escucho en Radio Eje.
Eso de ser poeta por el aplauso
le queda grande a mis amigos.
Los filósofos estiman:
un fósforo es suficiente para encender al sol.

¡Viejo Ezra!
yo nunca estaré en París con Duchamp,
        con Tzara,
                con Léger
tentando los astros a favor de Dadá.

¡Viejo Pound!
la brisa fumiga tus palabras,
tu océano de olvido,
tus ojos que se queman de raíz.

Renunciar no es lo más sensato
cuando le rogamos a la marea
devolver nuestros cuerpos
antes de que cancelen la búsqueda.

El inventor de poetas

Te suplico que me expliques, Alberto:
¿qué se siente ser huérfano en Lisboa?
Afuera el invierno hace el amor con las vecinas.
El verdadero es otro:
bebedor,
solitario en tabernas
y fondas
del barrio Viejo.
Deambulas por una ciudad
que no entiende nada
del paulismo o el futurismo.
Te suplico que me expliques, Álvaro:
¿qué se siente ser huérfano en las calles de Durban?,
llorar en los pasillos de la Universidad del Cabo.

Máscaras,
todo son máscaras, Ricardo.
Y sólo tú, Bernardo, sabes inventarlas.

Música insensata para Blanca Varela

Un cura me apunta con una arma.
Sus ojos brillan,
el aire gélido se apoderó de la noche.
Si no hago nada, pronto estaré muerta,
trato de mirarlo desafiante.
Como si no me invadiera el miedo:
no existe la vida eterna.

Para Lorca el futuro era un baile de gitanos

Su hambre por volver a Andalucía
es un asesino que encontró nuestro rastro
y se rehúsa a apuntarnos.

El martirio de la huida
es quien nos dispara
a quemarropa.

Eunice Odio recita poemas de Catalina Mariel

Descansa.
Siente el viento devorar tu cuerpo.
Las nubes orinan tristeza al recordarte.
Ya nadie te criticará
cuando hagas el amor con Catalina,
ni odies a Fidel
a pesar de la lluvia que amenaza
en transformarse en tormenta tropical.

Una fotografía pierde su color:
tu rostro, sin sonrisa, queda impreso para siempre.

Ebrio frente a la tumba de Allen Ginsberg

¿De qué le sirve al mundo reposar
sobre este almohadón de plumas?

Los malos sueños vienen a tropezar
con este veterano.

¿Cuántas vueltas más dará el metro
para saber dónde debí bajarme?

La noche huele a luna añeja.
En todos los sepulcros encuentro el nombre de los amigos.

RESURRECCIÓN III

HUIR DE LA MUERTE

Durante la Segunda Guerra Mundial intelectuales fueron perseguidos, hasta ser exiliados o muertos; resucitan cada vez que los leemos en voz alta.

*¿Quién vació la arena de vuestros zapatos
cuando debíais levantaros de la muerte?*

Nelly Sachs

Corresponsal de prensa

Miro hacia el cielo
y veo a Joseph Brodsky.
Imagino los bombarderos
sobre Europa.
Bajo la vista.
Camino por los suburbios de París.
Los pájaros me vigilan
hasta el umbral de mi hotel.

Luego me voy a Venecia.
No logro dar con su tumba.
Los letreros del centro comercial destruido
me dicen:
tus huellas no conocen el exilio.

El cuerpo del delito

Nelly Sachs se come mis ojos.
Voy por la ciudad,
intento descifrar las esquinas.
Sé que sus manos son las puertas,
el laberinto,
la camisa de fuerza
que no logro desatar.

Función en las alambradas

La vida me dice:
Eres del reparto
y los demás esperan un diálogo menos mefítico.

Las luces vigilan.

Me desvisto para salir.
La obra continúa.
Los barrotes me persiguen.
Un vigilante me ignora.
Busco el brazo de mi madre
y sólo doy con cruces
donde están escritos los nombres
de hijos que nunca tendré.

Huir de los lobos
(Retrato en los límites de la antigua URSS)

Sentimos
los pasos,
el jadeo,
el quebrar
de las ramas
a nuestras
espaldas.

Contra
los pronósticos,
la luna
escapa
por encima
de los árboles.

El cuerpo
es un templo
fatuo.
La última morada,
el bastión
donde el licántropo
huele
nuestro rastro.

Nos desprendemos
de la piel.

Se rehúsa
a quedar sola
sobre las hojas
que decoran
este siglo
donde los mitos
son un trofeo
para renegar
de la inmortalidad.

La amante de Joseph Brodsky posa para Nelly Sachs

Ella sabe que la miro con desconfianza.
Hace frío. Se quita la ropa.
Respira hondo.
Su vientre inseguro se tensa.
De la noche sólo queda el campanario
y las luces
duermen con los perros callejeros.

Su piel huele a esta nieve estancada de París,
a oídos sordos recordando la guerra.

Ha sido la heroína de novelas
que no escribiré.
La única mujer que me abraza
con su muerte.

Campamento en las afueras de Berlín

A quien no haya visto
las luciérnagas,
            y no conozca el frío
en los alambres;

dale de beber palabras.

Tratado del idealista

El tiempo
es un
grito sordo.
No
despierta
a los peces.
Van río arriba:
sueñan
que los arrastra
la corriente.

La última tarde de la infancia

*para Charles Simic, quien nos contó esta historia
de su infancia en Belgrado una tarde en NY.*

Mi madre me llama.
No quiero ir.

Estoy sucio.
Esta tarde llovieron bombas
y acabaron con el vecindario.

Mi madre insiste.

No quiero contestarle.
Manché la camisa nueva
y no me creerá,
si le aseguro,
que no la arruiné
jugando fútbol.

Coro desafinado en Bobrek

En ella veo a todas las mujeres.
Sus piernas son antesala,
        diluvio
            y antídoto.

Es el otro lado de la ecuación.
Anula todas mis derrotas.

2 de septiembre de 1945

a la memoria de Eduardo Chirinos

Ir tras la jauría,
es encontrar el exilio.
Ver todos los retratos de familia
en la ceniza.
Saber que la historia
es un camino cáustico
de sangre y dolor.

Ir tras tus pasos
es siempre dar con los míos.

LIBRO DEL PRESENTE

(SEGUNDA PARTE)

RESURRECCIÓN IV

LADY LAZARUS

Lady Lazarus X

para Andrea Cote y Nelson Cárdenas

Soy una loba que va por la ciudad
en busca de historias.
Soy ágrafa de Dios.
La mujer que acumula palabras
con la lentitud del suicida.
Tengo manos y soy manca.
El amor se esconde, los perros ladran.
Las palabras se fugan de la cárcel:
mi condena es nunca poder recordarlas.

Lady Lazarus IX

No acertaron las películas,
ni los textos religiosos,
ni las misiones suicidas.

El aire es frío. El cielo está despejado.

Me pregunto: por qué tuvo que ser lunes.
El mes, da igual, ¿y la noche?
La noche es siempre una trompeta triste.

Sé que es el fin.
¿Por qué hasta ahora
quiero hacer todo?
     Es tarde.
Nunca pasé de ser una aprendiz:
tomo mi alma, la doblo como a una camisa
y me dispongo a dormir.

Esta noche es el fin de los tiempos.

Lady Lazarus VIII

Me juego la vida con estas fichas de dominó.
Soy Sylvia, forastera que apuesta todo
para impresionar a la cantinera.
       Esto es Boston.
Susurro una canción.
Envejezco con la risa de mi rival.
Las ecuaciones inexactas
me sientan al dedillo.

     Inicia el juego.

Las fichas son arcanos y predicen mi destino,
      saben que te vas.
Me miento
    y sonrío.
La noche me vigila.
Los ancianos ignoran
a la muerte.
El silencio amenaza con estallar
mientras todos bailan
para celebrar mi derrota.

Lady Lazarus VII

Una mujer me habla.
Ella es la dueña de todo.
Sólo soy una de sus ramas:
es la gran planta.
Como si el cosmos
fuera un organismo vegetal
expandiéndose.

> Me vi prisionera en un cuarto,
> infinidad de seres me poblaron:
> Varo,
> Ovidio,
> Safo,
> Shakespeare,
> Sor Juana,
> Platón,
> Plath,
> Cervantes,
> Horacio.

Nunca más me sentiré sola
al tener la hoja en blanco.

Lady Lazarus VI

Intenté abrir mis ojos,
pero la piel creció
hasta cerrar las cavidades.

No los necesitaba.

Podía estar en múltiples lugares.
Mirar miles de imágenes
en todos los tiempos
y todas las vidas.
La calma me hizo
volver a contemplar el universo.
Desperté en paz
al regresar de mi muerte.

Lady Lazarus V

Tocan la puerta.
Toc, toc, toc, toc, toc, toc.
Siento los nudillos sucios del vengador.
Insisten.
No puedo moverme, el café se enfría:
mis ojos observan.
Toc, toc, toc, toc, toc, toc.
Agonizo, nunca más podré levarme.

Lady Lazarus IV

Mi cuerpo se desangra sobre el pavimento.
Quizá me gané la portada vespertina
del periodico amarillista.
No sé si viviré para enmarcarla.
Soy la noche.
Miro y callo.

Lady Lazarus III

Soy lluvia.
Mis gotas caen sobre una mujer desnuda.

Me despreocupo por las sábanas sucias.

Salgo a conquistar la noche
donde tantas veces perdimos la vida.

Lady Lazarus II

El invierno empieza a desangrarse.
Inunda las trincheras.
Abordo un autobús,
pero es un libro usado de Samuel Beckett quien me aleja
de los altoparlante con descuentos,
        de las tiendas,
                de los autos,
de la tarde que me acribilla con su lluvia.
Marzo es un mes temprano para morir.

Lady Lazarus I

Soy la única que falta
para que comience la fiesta del fin del mundo.

A modo de aclaración y dedicatoria

El título de este libro Lazarus responde al mito religioso del la resurrección, pero también es "Lady Lazarus" el poema de Sylvia Plath y "Lazarus" de David Bowie, una canción compuesta durante su fase terminal del cáncer. Y es T.S. Eliot, quien afirmada que leer un poeta es revivirlo. Por lo tanto, le debo este libro a todos mis predecesores que han utilizado el lenguaje. Este es un homenaje.

En el poema "Lazarus XII", la palabra *diableros* se refiere a los maestros utilizado en los rituales por los indígenas del desierto de Sonora.

En el poema "Lazarus I", los versos en itálica son de Cesar Vallejo.

En el poema "Función de las alambradas", los versos en itálica parafraseé a Nelly Sachs.

Por último, dedico este libro a la memoria de Eduardo Chirinos, sus versos siguen brotando entre nosotros.

Para los siempre presentes: Ana Iris Cruz, Ana María Jiménez, Ramón Cruz, Esteban Díaz, María Fernanda Días y Gustavo Díaz.

Para mis amigos en el desierto Andrea Cote Botero, Nelson Cárdenas, Sasha Pimentel y Francisco Barraza y los amigos a la distancia William Eduarte, Javier Bozalongo, Alfonso Chase, Dennis Ávila y Paola Valverde.

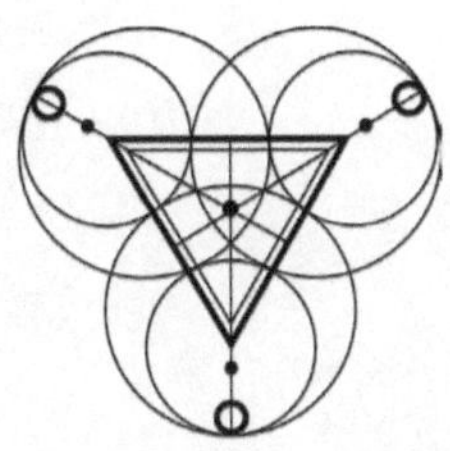

A ELLA LE GUSTA LLORAR MIENTRAS ESCUCHA THE BEATLES

En A ella le gusta llorar mientras escucha The Beatles *la estructura de los poemas replica el modelo de los discos de acetato de 45 RPM que traen dos caras: una canción principal (Track) y un Lado B con una canción complementaria. En esta selección se respetó ese orden.*

Dedicatoria

Cuando todos los libros sean digitales
y los años nos miren como espejismos
¿Qué dirás de aquel ejemplar con tu nombre en la quinta página?
¿Las palabras de piel blanda
tendrán el mismo valor en la pantalla?
Otro, igual a mí, a tu lado
encontrará este dinosaurio de papel
y cuestionará si me quisiste.

Track 1

Una partitura es una bóveda de sonidos
que resiste al olvido.
Notas tendidas en los barrotes.
Cascarón donde los navíos encallan.
Nubes en el fondo del universo
que, al contacto con las rocas,
plagian su propia interpretación.

Lado B

Lee a Hans Magnus Enzensberger
y su hundimiento del Titanic.
A Federico García Lorca en Nueva York.
Las páginas de sus libros están viejas y manchadas.
Si fueran la evidencia de un crimen,
encontrarían docenas de sus huellas dactilares en cada página.
Si tuviera que describirlas,
juraría hasta en una Biblia electrónica,
lo feliz que ha sido leyéndolas.
Nació a finales del siglo XX.
Cuando los estadistas pronosticaron
que los *hipsters* no sobrevivirían a la bomba atómica.
Cuando Ted Turner dijo que los pobres
deberían vender su fertilidad
porque considera excesivo
un planeta con siete mil millones de habitantes.
Los nigromantes murieron.
Los filósofos fueron sustituidos
por hombres depilados
que abruman las pantallas de TV.
El pensamiento ha desertado.
Un amigo ecologista se queja de la cantidad
de libros que tiene en casa.
Entonces ella le sugiere:
deje de usar papel higiénico
para que hagan más libros.

Lee una carta de despedida, cuando la abandonaron.
Y se pregunta: "*¿Cuál era tu nombre?*
¿Cuál fue el papel secundario que tuviste
para no recodarte en ningún encuadre de mi comedia?"
Este nuevo siglo se desmorona,
mientras redacta el testamento de su especie.
La ciudad mira envejecer a sus habitantes,
los obliga a que pinten sus edificios y calles,
para disimular que a ella no le pasa lo mismo.

Su último amor va por bares buscando
compañía en trovadores sin suerte.
Otra mujer le escribe: "Te quiero" por el chat.
Sus letras son ceros y unos que se desvanecen.
Vuelve a refugiarse en su siglo analógico.
Donde la gente ignora
los restos del cosmos que lleva dentro.
Donde las tribus adoran un monolito que nos dice:
no estamos solos.
Los satélites la vigilan pacientes,
como si fueran un enjambre de luciérnagas
pegado al cielo raso.
Escribe en un lenguaje que algún día será indescifrable.
Sale a tomar un café.
Sale a entender su muerte.
Luego regresa a casa.
Por la ventana pasa un barco que nunca llegó a Nueva York.

En las tardes lluviosas Lorca y Enzensberger
son sus mejores psiquiatras.

Track 2

Muere el invierno acuchillado
en un callejón sin salida.
Esquizofrénicos gritan a los cuatro vientos
el fin del mundo.
Días tristes donde la felicidad
se oxida por la frecuencia FM.

Lado B

Liverpool es una ciudad donde las líneas del tren llegan cansadas.
Los barcos antes eran enjambres besando la costa.
Venían de todas partes con ese acento de forasteros
en busca de cuerpos calientes y whisky
para ahuyentar la soledad.
Durante mucho tiempo fue una villa que tenía como religión el arte.
Un lugar olvidado en el tiempo.
En los suburbios perdía mi cabeza
y mi cuerpo regresaba al hotel con un bastón de guía.
Antes del amanecer,
la cabeza volvía sin pensamientos suicidas
y se acurrucaba a mi lado.
Todos los días me sentaba a escribir,
pero rápido desistía
y salía a olvidarte.
Olvidarme del ruido de tu cuerpo.
Pero siempre llegaba a una estatua
donde cuatro hombres, con pose de progresistas,
me amenazaban
para que abandonara de una vez por todas la ciudad.

Track 3

A ella le gusta llorar mientras escucha The Beatles.
Imagina pájaros que atraviesan la tarde
y se llevan sus derrotas.
Frente a un espejo imita un bajo melancólico:
se sabe las letras de memoria.
Sus lágrimas tienen vértigo y son como nubes grises
que se desprenden hacia el abismo.
¿Qué diferencia hay entre un fósforo que se funde
y la soledad en sus ojos
con la esperanza de una llamada?

A ella le gusta llorar mientras escucha The Beatles.
Camina con las dudas de marzo.
Cruza la calle para no encontrarse con la muerte.
Le gustan las flores, pero colecciona espinas.
En noches de luna siente la luz bañarla,
ve todos sus amores fallidos
igual que un hotel abandonado.

Extraña los días raros, la cerveza escarchada,
cavar sobre sí misma y encontrar
el significado de las palabras,
las películas que no ha visto,
los besos que no ha dado,
los silencios como mapas sin interpretar.

A ella le gusta llorar mientras escucha The Beatles.
A mí sólo me gustaría llorar con ella.

Lado B

Descalza, pisa el recuerdo de ciudades destruidas.
Lleva una mochila cargada de libros.
Pasaporte en mano.
Las fronteras son hidras invisibles.
Los mapas, realidades que delimitan la imaginación.
Escucha una cinta en su *walkman* comprado en baratillo.
La fila es interminable.
Los de migración se toman con calma el papeleo.
Se siente en la Polonia de 1944.
Piensa en el verano. En la tierra sedienta.
Su único país es la tristeza.
Lo sabe y cruza la frontera.

Track 7

I
Primero se llevó mis manos;
me di cuenta al intentar alzarlas para despedirme.
Después mis orejas.
Lo descubrí porque saltaban como peces
en los bolsillos de su chaqueta.
Hoy pensé no abrirle la puerta,
pero me ha prometido que trae de vuelta mis discos.

II
Ir por la vida coleccionando adioses.
Llevar en la maleta todas las palabras
que nunca nos atrevimos a decir.

III
Mi vida fue ver en una mujer
a todas las mujeres del mundo.
Escuchar como el tiempo va dejando un tumulto
de cadáveres a su paso.
Estoy preso en los barrotes de una partitura,
las corcheas llevan tu nombre.

Lado B

¿Se puede creer en la eternidad
cuando transcurren los segundos
entre una canción y otra?

Ese silencio que deforma la nostalgia
hasta convertirla en un baúl sin fondo
donde se pierde el tiempo.
Nadie aprende el arte de olvidar
sin antes no haber perdido la vida.

Track 8

I

Persigue los rastros de un autobús que no existe.
Los carritos de supermercado la vigilan,
se conmueven con su mirada que detiene a la tarde
en cada parpadeo.

Sus pasos se acercan limpios por el tumulto de esta ciudad.
Los cristales se rinden al presagio de sus ojos.

II

Hay rostros que son ciudades
y nos perdemos por sus calles.

III

Las palabras son duendes que te vigilan.
Vuelvo a estar en ciudades
de las que ya me había olvidado.
Me guío por el mapa silencioso de tu piel,
hasta encontrar mis palabras solitarias.

Lado B

Ella mira con desconfianza a los malos poetas:
> *"Los New Age que se burlan de sus ancestros,*
> *los que mal-imitan a Charles Bukowski*
> *y sus poemas están cargados de picha, teta, culo,*
> *me cago en dios, me cago en mis contemporáneos,*
> *me cago en cada una de las tribus que no me veneran.*
> *No me comprenden.*
> *Soy el marginado, que orina palabras en los parques.*
> *Si todo continúa mal, me hago editor o crítico.*
> *O salgo en las fotografías con travestis punk*
> *para luego pedir una silla en el trono,*
> *por mi feeling, porque soy rebelde.*
> *Un día haré una hoguera con todos mis libros*
> *y me prenderé fuego.*
> *Discrimino a los poetas que no puedo imitar.*
> *Uso heterónimos para que ni la familia*
> *me recrimine lo mal que escribo".*

Cuando los mira recitar, cambia de bar,
detesta a los disecadores de palabras.
De una vez por todas deberían cremarlos.

Track 16

Un inmigrante
nunca olvida sus raíces.
Cuando regresa negocia ediciones raras.
Compra souvenirs de la banda
que marcó su infancia.
Se toma fotos a cambio de unos peniques.
Disfraza sus recuerdos.

Cierra los ojos. Huye del poema.

Lado B

Escribo sobre la gabardina de mis enemigos.
Frases cortas para confundirlas con luciérnagas.
Palabras sencillas para los peces y los hombres.
Sin rima para no despertar indignado a Quevedo.
Metáforas concretas y afligidas en tiza blanca
como trampa para los viciosos.
En letra grande en honor a los ancianos.
Con epígrafes magistrales para disimular lo gris.
En cada palabra hay un enjambre de mentiras.
En cada estrofa hay un niño que grita desde su muerte.

Escribo sobre la gabardina de mis enemigos.
En cada punto final hay un siglo de silencio.

Por las calles deambulan mis obras incompletas.

Track 19

Te esperé toda la noche pero nunca llegaste.
Area City.
Boys Don't Cry, The Cure.

Bailé
con Wislawa Szymborska, con Remedios Varo,
con Olga Orozco, con Elizabeth Barrett,
con Anna Ajmátova, con Edith Piaf,
con Marilyn Monroe, con Nina Simone.

Violeta Parra se negó rotundamente.

Bailé con Sor Juana Inés de la Cruz, con Ingrid Bergman,
con Khertek Anchimaa-Toka, con Eunice Odio,
con Virginia Woolf, con Katherine Hepburn.

Marie Curie me miró sospechoso toda la noche.

Bailé con Gloria Fuertes, con Virginia Grütter,
con mi madre, con Anaïs Nin, con Marina Tsvetáeiva,
con Juana de Arco, con una actriz porno.

Algunas veces una espera puede ser el faro
para desenterrar todas las nostalgias.

Lado B

Los lindos saben que son lindos,
y salen con su mirada erguida en autos elegantes.
Tienen trabajos lindos, ropas caras que disimulan
lo poco feo que pueden tener.
Miran a los feos que caminan
por las aceras en busca de otros feos.

Los feos saben que son feos y cada mañana
sus miradas cansadas contaminan las oficinas,
las tiendas, los edificios en construcción.
Miran las revistas de moda con desconfianza.
Los lindos tienen otros amigos más lindos y eso los deprime.
Viajan a otros países y allí se sienten feos.
Entonces regresan.

Los feos cada fin de semana inundan los parques.
Miran a otros feos con más hijos que ellos
y se alegran por comprar un granizado a los suyos.
Llevan comida en tazas plásticas y la recalientan.

Los lindos saben que sus parejas los engañan
con los feos que son sus empleados.
Entonces resignados todos creen que son felices.

Track 26

El telescopio europeo "Planck" nos da la espalda.
Dos toneladas flotando a un millón y medio
de kilómetros de la tierra.

Te quedas mirando un mapa multidimensional del universo
que aparece en el diario.

Mi incapacidad para interpretarlo
me recuerda que debo ir a trabajar.

¿Cómo pudimos encontrarnos dos en un diminuto punto
luego de la gran explosión universal?

El titular dice:
El universo es 100 millones de veces más viejo de lo que se creía.

Lo lees en voz alta.
En mi cabeza hay versiones infinitas
de todo lo que alguna vez quisimos ser.

Lado B

¿Recuerdas el siglo que nació con la muerte de Nietzsche?
Del Zeppelin flotando sobre Suiza como un ser mitológico.
De máquinas que fabricaban todo tipo de aparatos
para remplazar la ternura.
De la tumba del tren a vapor y el renacimiento de Machu Picchu.
De Lindbergh construyendo sus propias carreteras
sobre el Atlántico.
De pintores que deformaban la realidad por culpa del
daguerrotipo.
De bombarderos rusos piloteados por mujeres para
vengar a sus muertos.
De ciudades llenas de tragamonedas con orientales
empeñando a sus hijos.
De *westerns* en pantallas donde el color empezaba
a olvidar la magia del blanco y negro.
De revistas con mujeres desnudas tan solas como sus
lectores.
De Hemingway de guerra en guerra.
De Sudáfrica en Cuarto Creciente por la segregación.
Del ADN como una maleta de ancestros.
De *Love Me Do* contagiando Europa
como quiso hacerlo Hitler.
De microchips donde la historia se almacena en datos
fríos y ajenos.
De nosotros perdidos en otros siglo,
sin comprender en qué momento enloquecimos.

Track 27

Por la radio anunciaron que ha empezado el diluvio.
Un prisionero dibuja estrellas con tiza
en el cielo raso de su celda.
Los supermercados colapsaron.
Mi vecina es optimista,
al lado está la gran Biblioteca Nacional
y sobra el papel para desempañar el piso.
Los pescadores ajustan sus carnadas.
El desierto reza por piedad a las pirañas.
Un doctor envuelve en plástico sus títulos universitarios.
Alguien se ha colgado en la habitación de un hotel,
dejó su testamento escrito en una lengua muerta.

Por la radio anunciaron que ha empezado el diluvio.
Los amantes corren a casarse al notario.
Las familias se sientan a comer con flotadores plásticos
recomendados en el último boletín de gobierno.
Un anciano saca sus ahorros del banco
para comprarse una radio de onda corta.
En los hospitales las filas son interminables,
igual en las casas de citas clandestinas.
Una tribu de pulpos
está planeando tomar por asalto Jerusalén.
Un borracho se marcha de la cantina sin un centavo
y decide hacer una iglesia en la cochera de su casa.
El alguacil hace tres disparos al aire
para imponer su orden.

Por la radio anunciaron que ha empezado el diluvio.
Un poeta intenta memorizar sus libros sin conseguirlo.
Un profesor de geografía guarda los instrumentos
para redefinir los mapas.
Una modelo entrada en años disimula sus canas
y se inyecta botox escondida en el baño de su casa.

En el acuario un niño piensa
que su delfín favorito pronto será libre.
Un magnate considera mala inversión
sus islas exóticas en el Caribe
y decide subastar estelas mayas en París.
Un profeta se masturba mientras contempla
grabados del siglo V.

Por la radio anunciaron que ha empezado el diluvio.
Un vidente se reprocha no haberlo previsto.

Lado B

¿Quién le dice feliz cumpleaños a un muerto en
el perfil de Facebook?
Cada 28 de febrero miro el muro
del poeta Felipe Granados.

¿Dónde estás, recuerdas que me presentaste
a la mujer que escuchaba The Beatles?

La página me pregunta: ¿Qué estás pensando?

TRASATLÁNTICO

Este libro fue ganador del VII Premio Mesoamericano Luis Cardoza y Aragón. *El jurado estuvo integrado por Pura López Colomé, Hernán Bravo Varela y Malva Flores.*

El naufragio de Diego de Almagro

Todo punto de vista
        es un acercamiento
a la derrota.
        Hemos superado
los viajes
        y el único barco
en el que nos hundimos
        es el que transporta
la riqueza
        de estos días.

Intentamos
        guardar en libros
nuestros testimonios.
        Adulamos a la muerte
hasta que se cansó
        de buscarnos
en lo profundo
        de esta selva.

Todo
        está perdido.

Cada palabra que escribimos
        se está borrando
para siempre.

Nieve

Cae la nieve pura como si resbalara por hilos.
Yevgueni Yevtushenko

Aún distinguimos
        el rastro del lobo,
vino desde el mundo
        de los zares
en busca de carne
        para sus crías.

        Aún cae la nieve,
no ha cubierto el rastro
        de los inmigrantes.
Avanzan mientras los párpados
        se congelan
y el viento es testigo
        de una lengua
extraña a estas tierras.

Aún veo el arca de Noé.
        Caen
a mar abierto
        dragones y cetáceos:
no regresarán a este nuevo dominio.

Aún mueren nórdicos.
        Llegaron en sus barcas
y huyen
        por la cólera de los dioses.
La nostalgia
        es una criatura impura:
se pasea por los ríos
        donde las serpientes
son devoradas
        por los bárbaros.

Aún maldigo la niebla
        que se posa en el Monte Logan

a observar la masacre
       de las razas.

Aún los astros
       se alinean.
La nueva era empieza
       y la carne mortal
vuelve a ser invencible.
       El tigre corre
asombrando
       a sus cachorros
con sus habilidades
       de cazador.

Aún las señales de humo
       no advierten noticias
trágicas.

Nigromancia

¿Sabrán los Sioux que los soldados
　　　harán con las pieles de sus hijos las tiendas
el próximo invierno?

El cazador

Ayer fui a buscarte.

      La luna
amenazaba
        quebrar los pinos.

El río estaba congelado.
        Su rojo profundo
me salpica en la cara
        al pisar la escarcha.

No te encontré.

En la sombra
        todas las flechas
me apuntaban al pecho.

Faro en ruinas

En locum Quonicularia, intus
Saure mar en la cara

Flotar:
    aparecer boca arriba
sin escuchar
    la venganza de las olas,
como un faro
    que se derrumba
cada amanecer.

    Saber que el invierno
trae los restos
    de mi infancia:
el futuro es un bisturí
    mellado
en manos
    de un cirujano ciego.

No hay erudición superior
    a la ignorancia
y aunque nos probamos
    las máscaras
no hay sangre capaz
    de hacerlas florecer.

Despertamos
    abrazados a los días,
vemos las nubes
    que huyen de la luna
como murciélagos inseguros.

    Da miedo la vida.
Escuela de galeotes.
    Jardín de momias
sin disecar.

La revancha de la reina Ana
(Tributo de Barbanegra a su reina)

Como un imperio
   que insiste en gobernar
desde sus cenizas
   y se persigna
para invocar algún canto;
   así son ellas:
caminan depiladas
   para no herir al invierno.

Les gustaba el juego.
   Tiraban de las cartas
en un homenaje
   a los malos tiempos
donde el olvido y el hambre
   eran una enfermedad.

Ahora nadan sin rumbo.
   Aplauden.
Hacen alardes
   para ignorar a la muerte
que las mira soñando
   ese imposible puerto,
donde huérfanas las tardes
se bañan de olvido.

Los inmigrantes

Valles blancos
      han quedado atrás:
      empiezan a transformarse
en rocas,
        pinos
y águilas.
        Cientos de años de viaje.
En el camino
      han muerto mis padres.
En el camino
      nacerán mis hijos.

Lamento escrito sobre "La primera piedra"

Un día
        vendrán
los astrónomos
        a buscarme
y sabrán
        que me he ido.

Habré construido
        una escalera
sobre la pirámide
        hasta alcanzar
otra galaxia
        para así dejar atrás este río
que no me llevó
        a ninguna parte.

Lamento del científico ante Huitzilopochtli

Un hombre,
          es un árbol
que se ha liberado
          de las raíces.
Es la palabra
          que solo busca una cueva
donde ocultarse
          de las barcas
que esperan
          como perros cansados.
En esa costa,
          tan falta de agua,
          tan llena de sangre,
que gira
          en su círculo inexacto.

Si todo
          hubiera sido plano
algún día lo rojo
          que deambula
en el oleaje
          desaparecería.
-murmura
          el científico azteca-

Contempla a los astros
          que amenazan con caerse.
A los minotauros
          envueltos en metal.

Los enemigos avanzan
          con sus espadas.

Lamento del gran sacerdote
ante su dios civilizador

Tus dioses
          quieren
descifrar mis petroglifos.

          Buscan la sombra.

Tus dioses
          anhelan
que a mis raíces
          se las lleve el viento.

No temo.
          La eternidad
se desmorona.

Ellos
          vinieron con la vanidad
escrita en sus frentes
          y se marchan
con la muerte entre las entrañas.

El ancla de piedra

Un ancla
     es atadura.

Señuelo
     que rompe los corales
en su bóveda
     de tiempo.

Vano metal
     que reúne escombros.

Un ancla
     resiste la tormenta
y dilata al silencio.
     Es la más dócil de las condenas
cuando hemos saltado
     a las profundas aguas
de la resignación.

Metáfora del prior a sus hermanos

Somos
        un fósforo
en la oscuridad,
        que dio el primer fogonazo
sobre los pergaminos
        de Alejandría.
 El que esculpió
        las cenizas del Fénix,
 o fue a quemar Panamá
        con una gavilla de piratas.
 Uno sin memoria
        para iluminar la aureola de Cristo
en estas tierras extrañas
        donde el infinito resplandor
es un lenguaje que no entiende
        la metafísica de soñar
con los párpados abiertos.

Natación nocturna

1982

A mi madre

La luz tenía más siglos de sangrar que Cristo.
El universo
parecía una metáfora de los poetas simbolistas franceses.
Mi madre con las lágrimas
y la sospecha de que el miedo es solamente una costumbre,
fue poco a poco comprendiendo
el significado de la piel, la tragedia de la sangre,
el agua infectada
donde los lobos bebían y los autos dejaban sus huellas.
Existían recompensas
para los cazadores de sueños
muertos en batalla.
Ellos,
entre los jardines de la inocencia,
bosques de sabiduría,
sorprendían a la juventud con sus uniformes blancos,
su mochila de verano.

Ahora rebusco entre las fotografías
palabras añejas.
Celebramos entre campanadas
deseos imposibles,
flores medievales a las que aún les rezamos
y nos ata su cruz.
Dependemos del cielo,
a menudo los suicidas apuntan directo a la luna
para manchar sus verrugas de vieja cansada,
de astro abandonado
girando sobre esta multitud ebria de vivir.
Y evolucionamos:
las preguntas siguen siendo una terraza sin fondo,
el pecado heredado entre retahílas baratas
brilla en nuestros ojos,
que clavados en la pared cuelgan
como dos camaradas vencidos.

Pero nos importa poco la cortesía,
el cansancio
nos deshilacha
como mantos sagrados que perdieron la moda.

Era un tiempo de plegarias.
Los huesos conservaban su geometría,
la fortaleza:
animales de barro
hundidos en los días.
Ninguna máscara era suficiente
en la eternidad
de nuestras manos.
Creíamos en todo,
sobrevivir era una caricia impura.
El sosiego de no quebrarnos
como ramas en el otoño de las palabras,
en los rascacielos de la memoria.

Noble sombra

Hija del demonio gris de la carne,
recuerda tus pechos cuando se hayan quemado,
como las tardes que dejan de ser misteriosas
para convertirse
en obstinadas mendigas de la inocencia,
en carroña despreciada por los buitres,
en la sangre seca del ladrón
que olvidó robarse el amor.
De tus besos fieles a las noches,
largas como la muerte.
Recuerda las manos extrañas,
las camas húmedas
con tu sudor
empapado de alcohol
y los rastros de saliva de algún viajero
que soñó contigo.
Y a la mañana siguiente
partió en el tren
mientras tu sombra se lavaba
el veneno de los labios.

Bañistas

Qué sabes tú del tiempo para venir a reclamarme
los minutos arrastrados por los perros.
Es invierno,
los corazones necios buscan amor
aún sabiendo que todo es mentira.

Espero con mis botas de capitán.

El mar se agita como un insecto en las bombillas,
es testigo del sueño en boca del tiburón, de las catástrofes
que alteran la historia.
Y sé por confesión de otros
de enfermedades, de crudas heladas
que acabaron con poblados.

Desvelado juego a ser el rey de un templo.
Me atrevo a condenar a los santos.
Los mendigos
no tienen cabida en la cruda tempestad:
pierden sus dientes,
su olor a latón carcomido
y su silencio.

¡Qué sabes tú del tiempo,
si los mitos se degollan como gallos!
Se fotografían como reliquias mohosas
en museos industriales
donde el hambre existe y los zancudos estorban.
Estoy a punto de lanzarme a las aguas frías,
no tengo un plan, no soy el nadador que luego vendrá
a pedirles un cigarrillo
o se conforma con los aplausos de los extraños
mientras los amigos ignoran.
De los brindis, queda el olor añejo de los siglos,
las medallas sin pecho
y el asombro de los demás bañistas.
Para ellos la desgracia comenzó frente al espejo.

El templo

El templo es un frío forcejeo de ladrillos.
Todo allí dentro es predecible,
siempre acaban repitiendo el sermón.
Como en una vieja rockola
donde los borrachos saben la letra.

Aquí velaron a mi padre.
La enfermedad del tiempo lo sorprendió
una mañana, masticando
el amargo sabor de los noventas.

Sillas talladas a mano,
el revólver
para ahuyentar la soledad
y los dientes postizos
fueron su herencia.

¿Qué no empeñó por la vida?

Es mejor fingir la muerte.
No apostarle a la eternidad del humo
de los cigarrillos,
o a la piel exagerando sus dotes
como un himno
entonado por compromiso.

Nada es real cuando cruzamos esta puerta.

World in My Eyes
(Depeche Mode)

A William E, Alejandro C,
Alejandro P y Diego M.

Mis huesos de animal
salen a pasear por la ciudad.
La luna es un viejo rompecabezas mal armado.
El barro tiene la misma vocación que la miel.
Lo que esperamos de septiembre
solo existe en el televisor.

Y todo se transforma en palabras,
en el amuleto del recién nacido
con temor a despertar
y saber que todo era mentira.

Aparente quietud

Podría nombrar
la quietud.

Repetir
mil veces
que odio
la distancia.

Aún así:
el cielo
seguiría
filtrándose.

Los
árboles
afilando
su navaja
para
decapitar
la brisa.

Muerte del poeta

El problema
no es si un poeta muere.
Si sus manos están manchadas
de sangre.
Si su cuerpo está acorralado
por gusanos.
Si lleva un retrato bajo el brazo
o una Biblia vieja.

El único problema sería
cortarle la lengua.

Los retratos según Freud

Es mejor salir ilesos de la madrugada.
No vernos el rostro,
las picaduras, los golpes.

Nuestro mayor peligro fue soñar
y saber que no lloramos.

Estuvimos dormidos toda la noche,
dejando al espejo comerse los insectos.

Oficio

A Alfredo Trejos

No soñaremos con la eternidad para siempre.
El vuelo no nos fue dado
en una apuesta de cartas
ni en un partido donde los jugadores
patearon a su sombra.

Seamos realistas:
las puertas que abrimos
fueron equivocadas.
En los anuncios a los que enviamos
la hoja de vida,
no contrataban equilibristas
sin experiencia.

Un pato muerto en el Hudson

La corriente se lleva su cuerpo
con el chantaje de que las hojas secas
sean sus únicos amigos
asistiendo al entierro.

La corriente se lleva su cuerpo
con el chantaje de que las hojas secas
sean sus únicos amigos
asistiendo al entierro.

Antique Store

El *piel roja*
con abrigo de oso
y hacha en mano
mira Manhattan desde la ventana:

la eternidad era mentira.

Nellie Bly fuma en una esquina del bar

No tengo monedas para cambiar
los ánimos de esta rockola.

Es mejor irme a casa.

Aquí no tengo a nadie,
solo a este cigarro.
Por más que quiera
siempre acabo explicándole
lo elemental.

Esta ciudad es lo mismo:
entre semáforo y semáforo
uno pierde la paciencia
como las bestias pierden sus casquillos.

No basta con haber sido demente.

Ahora estoy aquí sentada
y este cigarrillo es un cadáver.
No tengo prisa pero debo irme.
Soy como esa rockola
y las monedas
solo me hacen recitar mi tristeza.

Señores, por favor,
el *blues* está muy fuerte
y la nostalgia es grande.

Espejismo en la tumba Keops

El hombre se inclinó ante la tumba.
Nadie entendió los gestos
ni el desarme de sus manos.
Entre preguntas sin respuestas fue discípulo.
Simple albañil de dudas
contra la soledad de 4000 años.

Ahora, derrotado,
mira el desierto ante sus ojos.

Sobre el autor

David Cruz, San José, Costa Rica. Considerado uno de los más destacados de la nueva poesía centroamericana.

Con esta obra obtuvo la medalla de oro en el International Latino Books Awards 2023. En 2021 fue ganador del Premio Internacional Manuel Acuña en México, en 2020 fue finalista del Montreal International Poetry Prize, en 2011 del Premio Luis Cardoza y Aragón en Guatemala, además en 2005 ganó el Premio Nacional Joven Creación en su natal Costa Rica.

Ha publicado los libros de poesía: *Natación nocturna, Trasatlántico, A ella le gusta llorar mientras escucha The Beatles* y *Lazarus.* Además fue seleccionado en la antología *El canon abierto* (Visor) como uno de los poetas más relevantes en lengua española nacidos después de 1970.

Su obra ha sido traducida parcialmente al inglés, japonés, esloveno, serbio, italiano, portugués y al francés.

Actualmente cursa un doctorado en Hispanic Studies en la University of Washington en Seattle y tiene un máster Bilingüe en Creative Writing en la University of Texas en El Paso, donde fue editor de la revista *Rio Grande Review.*

ÍNDICE

www.ingramcontent.com/pod-product-compliance
Lightning Source LLC
Chambersburg PA
CBHW022005170726

47994CB00022B/2192